W0306465

LES ESSENTIELS DÉCO

# RANGEMENTS

COMMENT AGENCER, MEUBLER ET DÉCORER VOTRE MAISON

Gründ

# TERENCE CONRAN

LES ESSENTIELS DÉCO

# RANGEMENTS

COMMENT AGENCER, MEUBLER ET DÉCORER VOTRE MAISON

ADAPTATION FRANÇAISE : HÉLÈNE SAULVAGE

Gründ

# Sommaire

34

## Types de rangements



76

## Pièce par pièce

NATURAL COMPANIONS
ANDY GOLDSWORTHY
Andy Goldsworthy WOOD
A B Z
APPEARANCES
FASHION
MARTIN HARRISON
flea market decorating
Esselte
Esselte
Esselte
Esselte
bloom
bloom

SENSIBLE
(un)FASHION
HIP HOTELS
the relaxed home
SEASONAL HOME
table inspirations
global style
PURE STYLE
HIP HOTELS USA
SPACE
I CANT FORGET
THE LONDON ANTIQUES GUIDE
Juergen Teller
TASCHEN
MARK ROTHKO
contemporary german photography
TASCHEN
THE TIMES ATLAS OF THE WORLD

# INTRODUCTION

## ÉLABORATION DU PROJET

## TYPES DE RANGEMENTS

## PIÈCE PAR PIÈCE

Castagnaccio
SALT
CHESTNUT FLOUR
OLIVE OIL
ROSEMARY
RAISINS
WALNUTS
x 20 mins
180°c
BOSCH

# Introduction

La maison abrite les objets autant que ses habitants. Notre façon d'organiser nos affaires a une influence déterminante sur le style et la fonctionnalité de notre intérieur. Le rangement intervient pourtant trop souvent après coup, alors qu'il devrait être intégré au plan d'aménagement intérieur. Avec le temps, les objets s'accumulent et il devient de plus en plus difficile de garder la main sans se laisser déborder.

S'organiser est une stratégie à deux volets. Le premier exige de concevoir des systèmes de rangement pratiques, accessibles et adaptés à chaque catégorie d'objets. Le second consiste à porter sur ses affaires un regard critique pour se débarrasser de l'inutile. Nos vies ne sont pas figées et il est important d'admettre la réalité de ce processus.

« Une place pour chaque chose et chaque chose à sa place » a une tonalité un peu austère, mais la vérité est que la maison est un endroit nettement moins agréable à vivre quand elle est dépourvue de système d'organisation cohérent. Devoir remuer la maison de fond en comble au moindre prétexte, ne pouvoir s'acquitter sans frustration des tâches de la vie courante et égarer sans cesse ses papiers et documents importants grève la vie quotidienne de contrariétés inutiles.

L'encombrement peut aussi être synonyme de dépenses inutiles. Objets et provisions conservés dans de mauvaises conditions

PAGE DE GAUCHE : LE NÉCESSAIRE DE CUISINE EST À PORTÉE DE MAIN DANS DES CASIERS OUVERTS AU-DESSUS DU COIN PRÉPARATION.

CI-DESSUS : DES PLACARDS ENCASTRÉS À PORTES ISOPLANES CONTRIBUENT À CRÉER DANS LA CHAMBRE UNE ATMOSPHÈRE DE DÉTENTE.

suite

# Introduction

CI-DESSUS : DES ÉTAGÈRES ENCASTRÉES OFFRENT UNE ALTERNATIVE À LA TABLE DE NUIT POUR POSER DES LIVRES ET UNE RADIO.

PAGE DE DROITE : ÉTAGÈRES À FIXATION INVISIBLE ET FINITIONS MINIMALISTES CONVIENNENT À L'ÉPURE DE L'INTÉRIEUR CONTEMPORAIN.

devront être remplacés plus tôt que nécessaire. Une penderie, des tiroirs qui débordent sont une invitation pour les mites à décimer votre garde-robe. Mal dégivré, le réfrigérateur ne conserve pas les aliments à la température optimale et il vous faudra racheter les produits disparus corps et biens. En outre, il est plus difficile de tenir en ordre une maison pleine à craquer dans ses moindres recoins. L'impact psychologique n'est pas non plus négligeable. Quand l'encombrement finit par envahir le paysage, vous perdez le sens des priorités et tout devient pénible. Adopter de bons systèmes de rangement ne consiste pas à s'imposer une discipline étrangère mais à optimiser l'espace à votre disposition. De nos jours, l'espace a acquis plus de valeur que presque tout ce avec quoi nous pouvons le remplir. S'encombrer inutilement revient littéralement à jeter l'argent par les fenêtres. Qu'est-ce qui compte le plus : l'espace en tant que tel ou le gadget ménager que vous n'utilisez jamais ? Les gens sont parfois persuadés d'avoir besoin d'une cuisine ou d'une maison plus grande, quand ils ont simplement besoin de se débarrasser de tout ce qu'ils gardent pour de mauvaises raisons. Vos systèmes d'organisation doivent être fonction de la manière dont vous aimez travailler, que vous soyez occupé à faire la cuisine ou à faire la lessive. Si vous aimez la cuisine sautée, par exemple, il peut être légitime de ranger votre wok avec votre batterie de cuisine. Si vous ne l'utilisez qu'occasionnellement, sa place est ailleurs. Une fois acquis, le sentiment d'ordre vous donne la liberté de mettre en scène vos objets favoris et de profiter vraiment de votre intérieur. Dans un passé lointain, la plupart des gens possédaient si peu de biens qu'un simple coffre suffisait à ranger le matériel ménager. Au XVIIIe siècle est apparu un type spécifique de mobilier de rangement comme la tricoteuse, le secrétaire et la bibliothèque, en réponse à la prolifération des biens personnels. Il existe aujourd'hui une large gamme de solutions de rangement adaptées à tous les goûts et les budgets, du meuble sur pied traditionnel au système modulaire en passant par les éléments encastrables ou intégrés.

AMERICAN ART
IMPRESSIONISM
BERLIN
Gauguin
MANHATTAN
RUSSIAN HOUSES
Greek Style
JAPANESE STYLE
PASSAGE
BAUHAUS
HOUSE

INTRODUCTION

# ÉLABORATION DU PROJET

TYPES DE RANGEMENTS

PIÈCE PAR PIÈCE

# Quels sont vos besoins ?

Avant de mettre au point un programme de rangement, la première chose à faire est, d'une part, de passer en revue vos affaires, d'autre part d'évaluer l'espace dont vous disposez. Certaines circonstances ou changements de mode de vie sont des étapes naturelles pour revoir entièrement votre plan de rangement. D'autres domaines comme la tenue des comptes et factures courantes exigent une hygiène de rangement régulière.

- Où est-ce que le bât blesse ? Chacun a tendance à accumuler du désordre à certains endroits plutôt qu'à d'autres. Si vous achetez régulièrement des livres et des magazines, il arrivera un moment où vous n'aurez plus suffisamment d'étagères pour les contenir.
- Vous perdez souvent du temps à chercher un objet égaré ? Une bonne organisation doit vous permettre de localiser facilement ce dont vous avez besoin.
- Vous êtes souvent obligé de jeter des aliments périmés ? Mettre au point un programme de rangement implique de prendre en compte vos habitudes alimentaires pour réduire les dépenses inutiles.
- Quels sont chez vous les endroits où les objets s'accumulent ? Les escaliers, les consoles et le comptoir de la cuisine sont souvent des zones de friche où s'échouent les objets sans place attitrée ou rangés trop loin de l'endroit où ils servent habituellement.

CI-DESSUS : UN MEUBLE DÉDIÉ AUX CHAUSSURES CONVIENT AUX ADEPTES DE LA MODE.

PAGE DE DROITE : DES LIVRES BIEN RANGÉS SONT FACILES À RETROUVER ET ÉLÉGANTS À REGARDER. IDÉALEMENT, ILS DEVRAIENT ÊTRE CLASSÉS PAR ORDRE ALPHABÉTIQUE OU THÉMATIQUE.

ENGLISH
THE TIMES ATLAS OF THE WORLD
OTTOMAN ARCHITECTURE
THE ART OF INDIA
THE WONDERS
CLAVE
DELAUNAY
PAUL KLEE
RICHARD LONG
RODIN
SPLENDOUR OF THE EAST
CHINE

# Âges de la vie

Nous accumulons plus ou moins d'objets selon nos besoins et les circonstances. Les étapes charnières de la vie sont autant d'occasions naturelles de revoir de fond en comble un système de rangement : installation en couple, fondation d'une famille, déménagement ou départ des enfants. Un projet d'aménagement impliquant des travaux de rénovation ou de maçonnerie générateurs de perturbations sera l'occasion de se livrer à un grand nettoyage de printemps. Vider une pièce de ses meubles et affaires permet de reconsidérer l'espace.

- La plupart des premiers logements sont des petits espaces. Vous envisagerez peut-être alors d'avoir recours au garde-meuble en attendant de disposer de davantage d'espace. Vous aurez peut-être aussi des affaires en double, surtout si vous vous installez en couple.
- Un système d'organisation efficace est indispensable à la vie familiale. Les enfants grandissent vite et leurs affaires se multiplient à une vitesse alarmante. Pour une gestion fluide des tâches quotidiennes, des coups de balai réguliers et des rangements flexibles et accessibles sont indispensables.
- Après le départ des enfants, le nid vide peut s'avérer étonnamment encombré si vous n'avez par réussi à les convaincre d'emporter leurs affaires avec eux. C'est le moment de faire l'inventaire et de reconcevoir l'aménagement de l'espace.

CI-DESSUS : LES ENFANTS AIMENT AVOIR LEURS TRÉSORS SOUS LES YEUX. LES LIVRES D'IMAGES EN ÉVIDENCE LES AIDENT À CHOISIR LEUR HISTOIRE AU MOMENT DE S'ENDORMIR.

PAGE DE GAUCHE : DANS UN GRENIER RECONVERTI EN CHAMBRE, DES RAYONNAGES ONT ÉTÉ AMÉNAGÉS SOUS L'AVANT-TOIT.

# Trier

L'encombrement est une notion subjective. Certains sont naturellement adeptes du *« less is more »*, d'autres se refusent à rien jeter. La plupart d'entre nous se situent quelque part entre les deux, conscients que certains aspects de notre organisation domestique pourraient être améliorés. Reprendre la main implique de se poser une série de questions essentielles : cet objet vaut-il la peine d'être gardé ? Vaut-il la peine d'être réparé ? Où le mettre ?

L'émotion prend parfois une part surprenante dans la relation que nous entretenons avec nos possessions. Si nous sommes rarement attachés à notre ouvre-boîtes ou à notre brosse à dents, il est souvent difficile de se séparer d'objets plus personnels, même quand ils sont devenus hors d'usage ou superflus.
La culpabilité aussi joue un rôle, surtout si l'objet en cause a coûté cher. Gardez à l'esprit que le fait de s'accrocher à une acquisition compulsive ne compensera jamais un mauvais achat. Se défaire de son bric-à-brac permet de libérer de l'espace, mais pas seulement : une maison en ordre est plus facile à entretenir. L'ordre rétabli vous autorise à mettre en valeur vos trophées et entretient une atmosphère plus détendue.

À GAUCHE : TRIER MÉNAGE DE L'ESPACE POUR VOS OBJETS FAVORIS. CETTE VITRINE ABRITE UNE COLLECTION DE PORCELAINES RÉTRO.

PAGE DE DROITE : POSER VOS ENCADREMENTS AU LIEU DE LES SUSPENDRE PERMET DE CHANGER LEUR DISPOSITION À VOLONTÉ.

Heinz
BAKED BEANZ
Heinz
BAKED BEANZ
Heinz
BAKED BEANZ
Carr's
TERRAZAS
GREEN & BLACK'S
ORGANIC
FLAGEOLET BEANS
LEA & PERRINS
MARMITE
Carapelli

# Jeter

- Travaillez de façon systématique par catégorie d'affaires et prévoyez le temps suffisant pour terminer votre mission.
- Débarrassez-vous de tout ce dont vous ne vous êtes pas servi depuis un an (sauf les décorations de Noël ou les plats de service utilisés occasionnellement).
- Triez les objets en double, CD, livres, ustensiles de cuisine ou outils de jardinage. Gardez le plus récent ou le plus performant.
- Débarrassez votre garde-robe des vêtements qui ne vous vont plus.
- Envisagez de vous séparer de tout objet en attente de réparation depuis des mois – il est probable que vous n'en ayez pas besoin.
- Triez et jetez le matériel lié à des activités que vous ne pratiquez plus ou que vous n'avez jamais trouvé le temps de reprendre.
- Acquisitions d'impulsion, « affaires » que vous regrettez après coup, cadeaux indésirables et livres jamais ouverts sont vecteurs de culpabilité et ne méritent pas leur place chez vous.
- Faites l'inventaire de l'épicerie. Même les confitures, les conserves et les herbes séchées sont périssables.
- Cosmétiques, médicaments, peintures, solvants et insecticides ont une durée de conservation limitée. La plupart de ces déchets nécessitent un traitement spécifique.

CI-DESSUS : RANGEZ LES ASSIETTES ET LES BOLS PAR PETITES PILES ACCESSIBLES. PAR SOUCI D'HYGIÈNE, IL CONVIENT DE JETER LA VAISSELLE FÊLÉE OU ÉBRÉCHÉE.

PAGE DE GAUCHE : METTEZ DE L'ORDRE DANS LES ÉTAGÈRES DE LA CUISINE EN VÉRIFIANT RÉGULIÈREMENT LES ÉTIQUETTES POUR ÉVITER DE CONSERVER DES ALIMENTS PÉRIMÉS.

# Recycler

### Actions de solidarité

- Ne donnez que des objets propres et en bon état, sinon vous vous contentez de transmettre le problème à quelqu'un d'autre.
- Outre les associations de collecte comme Emmaüs, pensez aux hôpitaux, aux écoles, aux bibliothèques et aux cliniques qui récupèrent souvent jouets, livres, magazines et CD de seconde main.
- Le cas échéant, faites appel aux services de collecte des objets encombrants pour vos déchets volumineux.

### Recycler

- Prenez le temps de trier vos déchets avant de les faire enlever à domicile ou de les envoyer à la déchetterie
- Les sites de troc ou de dons d'objets sur Internet vous permettent d'échanger un objet dont vous n'avez plus l'usage contre un autre dont vous avez besoin, ou de vous défaire d'un objet encombrant sans le condamner à la déchetterie.

### Vendre

- Si vous avez du mal à évaluer un bien, faites appel à l'avis d'un expert avant de le mettre en vente.
- Les solutions de vente sont multiples, du vide-grenier à eBay en passant par le magasin de seconde main. La vente aux enchères est la meilleure façon de se débarrasser de biens difficiles à évaluer ou à valeur intrinsèque plus importante.

### Jeter

- Renseignez-vous auprès de votre commune sur les dispositifs de collecte des médicaments, piles et autres déchets toxiques.
- Déchirez tout document contenant des informations personnelles ou bancaires.

CI-DESSUS : VOS OBJETS DE PORCELAINE VINTAGE PEUVENT INTÉRESSER DES COLLECTIONNEURS. INFORMEZ-VOUS DE LA VALEUR DE CERTAINES PIÈCES AVANT DE LES JETER.

PAGE DE DROITE : DES POUBELLES EN MÉTAL DE COULEURS VIVES FACILITENT LE TRI DES DÉCHETS MÉNAGERS.

# Niveaux de rangement

Le désordre n'est pas qu'une question d'accumulation, il tient au fait que les affaires ne sont pas à leur place. Après vous être débarrassé de tout le superflu, revoyez votre système d'organisation. L'accessibilité et la fréquence d'usage sont les deux critères déterminants à prendre en compte.

## À portée de main

Tout ce que vous utilisez tous les jours doit être rangé à portée de main à l'endroit d'utilisation. Bien visibles, ils seront suspendus, accrochés ou rangés sur une tablette accessible.

### Ce qu'il faut garder à portée de main

- Les ingrédients et les ustensiles de cuisine indispensables. La cuisine est l'un des endroits où vous devez n'avoir qu'à tendre le bras pour attraper instinctivement ce dont vous avez besoin. Votre organisation doit refléter la façon dont vous aimez cuisiner.
- Les papiers administratifs et les factures en attente de traitement. Conservez-les à part du reste du courrier. Calendriers, cahiers de devoirs et documents de travail entrent dans la même catégorie.
- Les produits de soin comme le dentifrice, les brosses à dents, le savon et le shampooing.
- Les articles de première nécessité comme la trousse de premiers secours, les fusibles et les ampoules de rechange. Ne mettez jamais sous clé une trousse de premiers secours. Rangez-la hors de la portée des enfants, mais dans un endroit accessible.

À GAUCHE : LE NÉCESSAIRE DE BAIN DOIT RESTER BIEN VISIBLE ET À PROXIMITÉ IMMÉDIATE DE LA BAIGNOIRE OU DE LA DOUCHE.

PAGE DE GAUCHE : LA TABLE BASSE EST L'ENDROIT IDÉAL POUR RANGER LES TÉLÉCOMMANDES, LES MAGAZINES TÉLÉ ET LES LIVRES.

suite

# Niveaux de rangement

CI-DESSUS : LIBÉREZ LE PLAN DE TRAVAIL GRÂCE À UN RANGEMENT EFFICACE. ADAPTEZ LE CONTENU DE VOS PLACARDS À LA FRÉQUENCE D'UTILISATION.

PAGE DE DROITE : LE MÊME PRINCIPE VAUT POUR LA BIBLIOTHÈQUE. RENDEZ ACCESSIBLES LES LIVRES AUXQUELS VOUS VOUS RÉFÉREZ SOUVENT.

**À proximité**

La plupart des comestibles et des affaires de maison sont utilisés régulièrement mais par intermittence. Ils exigent d'être rangés à proximité de l'endroit d'utilisation, mais hors des principaux postes d'activité. Estimez leur fréquence d'utilisation. S'ils voient rarement le jour, pensez à vous en débarrasser complètement ou à les ranger dans un endroit moins accessible.

Prenez en compte l'affectation des pièces de la maison. Si vous écoutez de la musique dans la cuisine, par exemple, il est légitime de consacrer de l'espace au rangement des CD.

**Ce qu'il faut garder à proximité**

- Les comestibles et les condiments que vous utilisez une fois par semaine ou par mois, et les aliments que vous achetez en gros. Vérifiez régulièrement leur date de péremption.
- L'appareillage, la vaisselle et les ustensiles de cuisine plus spécialisés. Évaluez votre façon de cuisiner. Si vous cuisinez souvent des légumes et des viandes sautées, gardez un wok à portée de main, sinon excluez-le de la zone de préparation.
- Les draps et la literie de rechange.
- Les livres, dossiers et documents que vous consultez régulièrement par opposition à ceux qui renvoient à vos débuts de carrière.
- Vos services de porcelaine, de verre et de vaisselle favoris.
- Les vêtements de ville et de sport adaptés à la saison.

HENRY MILLER TROPIC OF CANCER
red
ant
house

suite

# Niveaux de rangement

**Rangement au long cours**

Le grenier, le sous-sol, le garage ou l'éventuel local de stockage extérieur conviennent particulièrement bien au rangement de longue durée. Assurez-vous que vos affaires sont à l'abri des mites, des souris et de l'humidité.

Stockez vos affaires dans des conteneurs à couvercles robustes et rigides. Étiquetez ce que vous mettez de côté et conservez une liste pour pouvoir localiser vos affaires. Les vêtements que vous mettez de côté pour une longue période doivent être propres et conservés dans des housses à glissière. Ils doivent être à un taux d'humidité stable, à l'abri de la lumière directe.

Ne stockez jamais un objet pour éviter d'avoir à décider de le jeter. Louer un local de stockage extérieur peut s'avérer onéreux. Jugez si les articles que vous stockez justifient les frais de location.

**Ce qu'il faut réserver au rangement de longue durée**

- Les vêtements et les articles de sport hors saison comme les combinaisons de ski ou de plongée.
- Les décorations de Noël.
- Les faitouts ou les plats de service utilisés exceptionnellement.
- Les archives comme les feuilles de déclaration de revenus qu'il faut conserver pour des raisons légales, ainsi que les objets de valeur sentimentale comme les œuvres d'art des enfants, qui font partie des archives personnelles de la famille.
- Les vêtements et jouets d'enfants ayant appartenu aux aînés.
- Les valises et les sacs à dos – à moins que vous ne voyagiez régulièrement.

PAGE DE GAUCHE : ÉTAGÈRES HAUTES ET EMPILEMENTS DE BOÎTES SONT UNE SOLUTION ASTUCIEUSE POUR LES ARTICLES RAREMENT UTILISÉS.

À DROITE : UN MUR DE PLACARDS INTÉGRÉS PERMET DE RANGER QUANTITÉ D'AFFAIRES. UTILISEZ LES VOLUMES EN HAUTEUR POUR LE RANGEMENT AU LONG COURS.

# Ergonomie

L'ergonomie, ou étude de la relation entre l'homme et son environnement de travail, vise à réduire l'inconfort et les microtraumatismes répétés. Appliquée aux systèmes de rangement, elle suggère des contraintes de poids et de profondeur pour les étagères, les plans de travail et les placards. Ces considérations sont essentielles dans des pièces comme la cuisine dont les activités exigent confort, sécurité et efficacité.

- L'accessibilité est un facteur déterminant. Les livres, les dossiers, les aliments et les instruments de cuisine, objets que vous utilisez régulièrement, doivent être rangés à un niveau intermédiaire entre la taille et les yeux.
- Les rangements hauts, accessibles par une échelle ou un marchepied, seront affectés aux articles légers et peu volumineux rarement utilisés.
- Les objets lourds, qui peuvent provoquer des tensions dorsales au moment du transport, doivent être entreposés au niveau de la taille ou légèrement en dessous.
- Si l'espace est exigu, envisagez de remplacer les portes battantes par des portes coulissantes.
- Ne remplissez pas un bac de rangement au point de ne plus pouvoir le transporter sans aide, en particulier pour les rangements profonds. Plusieurs bacs de rangement modulaires étiquetés et empilés valent mieux qu'une seule cantine intransportable.

CI-DESSUS : SUSPENDU À UN VALET DE DOUCHE EN MÉTAL, LE NÉCESSAIRE DE BAIN EST FACILEMENT ACCESSIBLE.

PAGE DE DROITE : LES RENFONCEMENTS QUI ENCADRENT LE MANTEAU DE CHEMINÉE SE PRÊTENT NATURELLEMENT À DES RANGEMENTS. LES PANIÈRES D'OSIER SONT IDÉALES POUR LE LINGE CAR ELLES PERMETTENT À L'AIR DE CIRCULER.

INTRODUCTION

ÉLABORATION DU PROJET

# TYPES DE RANGEMENTS

PIÈCE PAR PIÈCE

# Considérations générales

Plus que tout autre élément, l'organisation de vos possessions détermine l'apparence générale de votre intérieur. L'aménagement des rangements doit intervenir le plus tôt possible dans le processus de conception, au risque de n'être qu'une solution palliative quand vos affaires auront déjà commencé à s'accumuler.

Il existe trois grandes catégories de rangement : rangements intégrés, indépendants ou ouverts. En pratique, la plupart des habitations comportent un mélange des trois, plus ou moins répartis selon l'espace disponible et les goûts de chacun. N'importe quelle esthétique peut s'exprimer à travers chacune de ces catégories, de l'épure contemporaine au style rustique ou traditionnel.

CI-DESSUS : LE MOBILIER DE RANGEMENT SUR PIED COMME LES GARDE-ROBES OU LES COMMODES PRÉSENTE UNE SOLUTION SIMPLE.

PAGE DE GAUCHE : DES ÉTAGÈRES EN MÉTAL DE STYLE PROFESSIONNEL ET DES CORBEILLES AMOVIBLES PERSONNALISENT L'INTÉRIEUR DE CETTE CUISINE INTÉGRÉE.

- Ayez une vision globale et assurez-vous que vous ne laissez aucun espace inemployé.
- Les paliers, les couloirs et les escaliers peuvent héberger des étagères ou des placards intégrés. La plupart des habitations comportent des espaces perdus ou sous-employés exploitables de manière similaire.
- Revoyez la distribution de l'espace. Quand les enfants sont petits et jouent par terre, il est judicieux de les faire partager la plus grande chambre. Si vous disposez d'une salle à manger indépendante mais que vous y mangez rarement, elle serait mieux employée à toute autre activité familiale.
- Pensez à aménager le grenier ou le sous-sol en pièces à part entière pour libérer le reste de la maison. Elles peuvent aussi être converties à peu de frais en espaces de rangement.

# Étagères

Les étagères sont un moyen économique et polyvalent de réduire l'encombrement dans chacune des pièces de la maison. Elles se prêtent au rangement de nombreux objets, des livres aux CD en passant par les vêtements, les jeux, la vaisselle et la verrerie.

- Les rayonnages nécessitent une organisation rationnelle. Dispersées, les étagères offrent peu d'espace de rangement et donnent une impression de désordre.
- Planifiez : pensez à ce que vous voulez mettre sur les étagères et adaptez les mesures en fonction. Prévoyez une marge généreuse pour de futures acquisitions.
- L'aménagement d'étagères permet d'optimiser les renfoncements de part et d'autre du manteau de cheminée. Vous pouvez choisir d'utiliser toute la hauteur du mur ou combiner des étagères hautes avec des placards fermés dédiés aux objets que vous ne souhaitez pas laisser apparents.
- Un mur entièrement revêtu de rayonnages crée une impression de régularité. Prolongés autour des embrasures de portes et des fenêtres, les rayonnages créent un effet architectural unique.
- Une étagère en bandeau aménagée en-dessous du niveau de la taille convient aux intérieurs contemporains, surtout dans les volumes bas de plafond.
- Peints de la même couleur que les murs, les rayonnages se fondent dans le paysage.

CI-DESSUS : LES ÉTAGÈRES PARAISSENT PLUS ÉLÉGANTES TAILLÉES SUR MESURE POUR LEUR CONTENU. ICI LA TRANCHE DES CD ET DES VINYLES APPORTE UNE NOTE GRAPHIQUE.

PAGE DE DROITE : UN MUR ENTIÈREMENT REVÊTU D'ÉTAGÈRES CONTIENT TOUTE UNE BIBLIOTHÈQUE SANS ALTÉRER LA SENSATION D'ORDRE. ORGANISEZ LES RAYONNAGES COMME UN ÉLÉMENT DE LA STRUCTURE DE LA PIÈCE.

Arte dell'Estremo Oriente
IL BAROCCO
Egitto
FOLK ART
Alchimie
IL CORPO

suite

# Étagères

CI-DESSUS : CES ÉTROITS MODULES D'ÉTAGÈRES RÉALISÉS SUR MESURE SONT SCELLÉS EN HAUTEUR PAR DES ÉTRÉSILLONS POUR AMÉLIORER LEUR STABILITÉ.

PAGE DE GAUCHE : UNE RANGÉE DE TABLETTES MURALES ACCUEILLE UNE COLLECTION DE CD. IL EN EXISTE DE NOMBREUX MODÈLES SUR LE MARCHÉ.

**Considérations pratiques**

- Pour la plupart des étagères en bois, y compris en bois tendre ou en médium, la distance recommandée entre deux points d'appui ne doit pas excéder 70 cm pour les charges lourdes comme les livres. La distance peut être légèrement augmentée pour des charges plus légères.
- Des systèmes d'étagères flexibles sont disponibles dans la plupart des magasins. Ils se composent de montants en bois ou métalliques et de consoles qui servent d'appui aux tablettes. En pratique, la plupart des gens conservent la même structure une fois montée bien que ces systèmes soient modulables.
- Les tablettes à fixation invisible sont les plus esthétiques.
- Assurez-vous que le ou les murs sont aptes à supporter le poids combiné des étagères et de leur charge. Vous aurez besoin de vis à tête fraisée et de chevilles à expansion pour encastrer des étagères. Il est recommandé de recourir pour les bibliothèques autoportantes à des moyens de fixation supplémentaires, surtout si le sol n'est pas parfaitement plat.
- Les rives brutes des planches en bois aggloméré comme le médium peuvent être habillées de minces lamelles de bois tendre, qui en augmenteront en même temps la rigidité.
- Faites en sorte de disposer aux niveaux inférieurs les étagères les plus profondes et les plus espacées capables de supporter des objets lourds et volumineux, et de réserver les niveaux supérieurs aux étagères moins profondes et plus rapprochées.

# Penderies

Généralement dédiée aux vêtements, la penderie est un incontournable. Suspendre manteaux, costumes, robes, chemises, jupes et pantalons évite les faux plis.

- La profondeur de la penderie est une question cruciale. Allouez au moins 60 cm de profondeur pour faciliter l'accès aux vêtements et éviter qu'ils ne se froissent.
- La longueur du rail doit être suffisante pour faciliter le maniement des vêtements – une armoire surchargée favorise l'installation des mites et froisse les vêtements. Prévoyez une marge pour de futures acquisitions.
- Superposer deux tringles permet d'optimiser l'espace de rangement. Les vestes, chemises et jupes se prêtent très bien à la superposition, tandis qu'un rail distinct sera ménagé pour les vêtements longs comme les robes et les manteaux.

Des étagères ou des tiroirs peuvent aussi être aménagés dans la partie inférieure pour accueillir les piles de vêtements et les chaussettes.

- Organisez la penderie par catégories, longueurs et couleurs.
- Investissez dans du matériel solide. Évitez les cintres en fil de fer sauf pour les chemises que vous portez régulièrement. Les cintres en bois respectent la structure des vêtements, les cintres matelassés préservent les textiles délicats.
- Aménagez pour les jeunes enfants des tringles basses pour les encourager à s'habiller eux-mêmes.

CI-DESSUS : DEUX TRINGLES SUPERPOSÉES PERMETTENT D'OPTIMISER L'INTÉRIEUR D'UNE PENDERIE INTÉGRÉE ET DE GROUPER LES VÊTEMENTS PAR TYPE ET PAR LONGUEUR.

PAGE DE DROITE : LES ORGANISEURS EN TISSU PERMETTENT DE GARDER VÊTEMENTS ET LES CHAUSSURES BIEN EN VUE, TOUT COMME LES BOÎTES DE PLASTIQUE TRANSPARENT.

VICTORIA
BAZARDI
+LETTER
* BOOK TICKETS FOR COP
RING:
MANDY
9:30
2:30
12

suite

# Penderies

**Options**

- Le simple portant est une manière populaire de suspendre ses vêtements. Installé dans une chambre, il peut toutefois s'avérer envahissant, sans compter qu'il expose les vêtements à la lumière directe et à la poussière. Mieux vaut réserver ce genre de tringles nues au dressing et ranger le reste de vos vêtements dans des endroits mieux protégés.
- L'armoire à penderie, peu économique en termes d'espace, est moins populaire qu'autrefois, bien qu'elle constitue un moyen abordable de ranger certains types de vêtements. Il est préférable de l'installer dans une niche ou un renfoncement.
- Les placards intégrés sont disponibles dans quantité de styles et de qualités, des versions standardisées modulables en fonction de vos besoins aux solutions haut de gamme sur mesure. Dans la mesure du possible, il est préférable de consacrer tout un pan de mur au rangement des vêtements, et d'y incorporer une penderie.
- Protégez vos vêtements de la lumière directe et de la poussière derrière des portes ou des panneaux. Pour économiser de l'espace, optez pour des stores ou des portes coulissantes, pliantes ou en accordéon.
- Des filets de rangement suspendus au plafond offrent un rangement accessible pour les jouets et les peluches des enfants.

PAGE DE GAUCHE : CE VESTIAIRE POUR VÊTEMENTS D'EXTÉRIEUR JOUXTE L'ENTRÉE PRINCIPALE. UN ÉCLAIRAGE INTÉGRÉ EST UN ATOUT.

À GAUCHE : D'ASTUCIEUX PLACARDS À PENDERIE COULISSANTS COMBLENT L'ESPACE LIBÉRÉ SOUS UN LIT EN MEZZANINE.

# Tringles et supports

Supports, tringles, crochets et patères multiples sont l'outillage idéal pour ranger certains accessoires comme les clés, les ustensiles de cuisine, les ceintures, les cravates, les outils et les vélos.

- Assurez-vous que le moyen de suspension – câble, barre, tringle ou support – peut supporter la charge des objets que vous comptez y accrocher et qu'il est solidement fixé au mur ou au plafond.
- Il est relativement aisé d'installer un support d'accrochage ou une tringle avec des éléments achetés dans une quincaillerie.

Sinon, les magasins d'ameublement proposent divers systèmes de suspension basiques qui vous aident à tirer le meilleur parti de l'espace offert par les murs.

- Les fixations murales et de plafond haute-résistance conçues pour attacher les vélos, les tondeuses à gazon et le matériel volumineux sont facilement disponibles.
- Crochets et patères sont plus esthétiques alignés en bandeau que dispersés çà et là. Une patère ou un crochet isolé accroché à la porte de la cuisine ou de la salle de bains sera vite surchargé.

CI-DESSUS : SUSPENDUS À DES CROCHETS, LES USTENSILES DE CUISINE DÉCORENT LA CRÉDENCE.

PAGE DE DROITE : DES BARRES DE SUSPENSION ROBUSTES PEUVENT ÊTRE UTILISÉES DANS LA CUISINE POUR RANGER TOUTE SORTE D'OBJETS, DU ROULEAU D'ESSUIE-TOUT AUX CASSEROLES.

TEA
SUG

Art in America
ARTnews
WHAT MAKES ART EROTIC
NEW YORKER
700
Hudson Valley

suite

# Tringles et supports

## Options

- Une rangée minimaliste de clous ou de patères dans l'entrée est une bonne solution pour accrocher les vêtements d'extérieur si vous ne disposez pas d'une penderie adéquate. Elle offre beaucoup plus d'espace de rangement que le portemanteau sur pied traditionnel.
- Les barres d'accrochage et de suspension peuvent contribuer à l'esthétique de la cuisine. À portée de main au-dessus du coin de préparation, les ustensiles, casseroles, passoires et le petit matériel sont à la fois pratiques et esthétiques. N'exposez que des objets que vous utilisez régulièrement pour éviter d'avoir à les laver inutilement.
- Un porte-serviettes chauffant est une bonne solution pour ranger le linge de bain et le tenir au chaud. Il peut suffire à chauffer une petite salle de bains.
- Vous pouvez accrocher sur l'envers des portes de placards ou de penderie des cravates ou des ceintures, ou encore des couvercles de casseroles et des ustensiles de ménage.
- Les supports d'accrochage et de suspension sont une solution idéale pour entreposer les outils dans un établi, un appentis ou un cellier. Utilisez un râtelier pour suspendre les outils. Dessinez ou peignez les contours de l'outil sur le panneau pour être sûr de le remettre à sa place.

CI-DESSUS : UN PORTE-ASSIETTE MURAL INSTALLÉ PRÈS DE L'ÉVIER PERMET DE FAIRE SÉCHER LES ASSIETTES.

PAGE DE GAUCHE : UNE ÉCHELLE DE BOIS ANCIENNE S'IMPROVISE EN SYSTÈME D'ACCROCHAGE POUR UNE COLLECTION DE REVUES.

# Éléments de rangement

Les éléments de rangement sont une solution intermédiaire entre les rangements encastrés ou intégrés et le mobilier traditionnel. Comme le mobilier indépendant, ils ont l'avantage de la mobilité, bien qu'ils n'aient pas autant de personnalité. Le fait que ces éléments soient en général proposés comme partie d'un système modulaire les rend aptes à toutes sortes de combinaisons et permet d'augmenter la capacité de votre rangement en fonction de vos nouveaux besoins, ou encore d'associer des étagères ou des casiers ouverts et des caissons ou des tiroirs fermés. Ils peuvent se présenter sous la forme de simples cubes empilables pour former une tour ou un mur de rangement. Leur mobilité peut être un atout si vous envisagez de déménager à moyen terme.

Outre leur fonction première de rangement, ce type d'éléments modulaires peut être un moyen de délimiter des volumes dans un espace polyvalent ou en plan ouvert. Un élément de rangement disposé à angle droit avec un mur peut fournir un élément de clôture pour masquer un coin cuisine ou isoler du séjour un coin repas ou bureau. Contrairement à une cloison pleine, l'élément de rangement n'obture pas la vue et laisse filtrer la lumière, surtout si vous l'utilisez principalement dans un but décoratif.

CI-DESSUS : CE SYSTÈME MODULAIRE À FIXATION MURALE ASSOCIE DES CASIERS OUVERTS ET DES COMPARTIMENTS INFÉRIEURS FERMÉS.

PAGE DE DROITE : UN MODULE DE RANGEMENT MONTÉ SUR ROULETTES TIENT LIEU DE SÉPARATION TOUT EN LAISSANT FILTRER LA LUMIÈRE.

suite

# Éléments de rangement

CI-DESSUS : CE MEUBLE À TIROIRS MONTÉ SUR ROULETTES EST UNE ÉLÉGANTE VARIATION SUR LE THÈME DE LA TABLE ROULANTE.

PAGE DE GAUCHE : LA SIMPLICITÉ DE NOMBREUX ÉLÉMENTS DE RANGEMENT CONTEMPORAINS LES ADAPTE À PRESQUE TOUTES LES PIÈCES DE LA MAISON.

**Conseils utiles**

- Avant d'acheter un élément de rangement ou un système modulaire, assurez-vous qu'il est suffisamment résistant pour remplir sa fonction. Les modèles les plus économiques ont tendance à manquer de rigidité et de stabilité s'ils ne sont pas fixés au mur d'une manière ou d'une autre. Choisissez un modèle équipé de croisillons solides.
- Les systèmes de rangement en acier neuf, de récupération ou en treillis métallique conçus pour un usage commercial sont très stables et robustes. La plupart sont suffisamment neutres pour convenir aussi bien aux pièces de vie qu'aux endroits plus dissimulés.
- Les éléments mobiles comme les chariots à desserte et les meubles montés sur roulettes offrent une grande souplesse de configuration. Faciles à rouler sous un comptoir, les tables roulantes sont particulièrement utiles dans la cuisine ou dans la salle de bains. La partie supérieure de certains éléments de cuisine mobiles est munie d'un billot qui prolonge le plan de travail.
- Il existe de nombreux modèles de petite dimension prévus pour des usages plus spécifiques. Les casiers modulaires de rangement pour CD en sont un bon exemple. L'avantage du système modulaire est de s'adapter à l'expansion de votre collection de CD ou de DVD, et d'être plus esthétique qu'un assemblage hétéroclite de tablettes ou de tours.

# Rangements intégrés

Les rangements intégrés vont des éléments de cuisine et de salle de bains standardisés aux modèles taillés sur mesure pour un contexte déterminé. Même s'ils obligent à sacrifier une partie de l'espace au sol, les rangements intégrés constituent la meilleure solution de rangement pour les petites pièces, cuisines et salles de bains en particulier, dont le plan inclut des installations de plomberie fixes. Pour remplir sa fonction, le rangement intégré doit être bien conçu et réalisé par un spécialiste.

CI-DESSUS : UN RANGEMENT INTÉGRÉ TAILLÉ SUR MESURE POUR VOS BESOINS ALLIE FONCTIONNALITÉ ET ESTHÉTIQUE.

PAGE DE DROITE : L'INTÉGRATION EST ÉGALEMENT UNE SOLUTION POUR D'AUTRES PIÈCES QUE LA CUISINE ET LA SALLE DE BAINS.

**Concevoir un rangement intégré**

Que vous achetiez des éléments prêts à poser ou que vous fassiez appel à un professionnel pour réaliser une penderie ou des placards sur mesure, la première étape est de tout concevoir sur papier.

- Tracez un croquis schématique du ou des volumes à aménager. Si vous avez d'importants besoins en matière de rangements, établissez un plan d'ensemble de la maison de façon à pouvoir envisager plusieurs solutions.
- Il est indispensable de prendre des mesures précises et détaillées. Aucune erreur d'évaluation n'est anodine.
- Reportez ces cotes sur un plan à l'échelle. Travaillez sur du papier millimétré et faites apparaître les éléments existants comme les fenêtres, les portes, les installations de plomberie, les prises et les commutateurs.
- Soumettez ce plan au service de conseil en conception du magasin ou faites-en la base de vos discussions avec un professionnel.
- Évaluez le volume de tout ce que vous envisagez de ranger.
- Dégagez devant les portes de placard et les tiroirs l'espace requis pour une manipulation confortable.

OF CONTEMPORARY WORLD ARCHITECTURE

suite

# Rangements intégrés

### Conception et réalisation

- Soyez attentif à l'échelle et aux proportions. Vous pouvez par exemple utiliser toute la hauteur de la pièce avec des placards intégrés en pleine hauteur. Dans une habitation ancienne, faites le même usage des renfoncements dégagés de part et d'autre du manteau de cheminée.
- Assurez-vous que la disposition des éléments intégrés dans la cuisine et dans la salle de bains ne vous condamne pas l'accès aux éléments de plomberie comme les robinets d'arrêt.
- Pour un minimalisme total, utilisez des portes isoplanes et des panneaux à ouverture tactile, et peignez-les de la même couleur que les murs.
- Pour un effet de légèreté, fermez les éléments intégrés ou les placards par des portes semi-transparentes ou des façades de tiroirs en plastique ou en plexiglas. L'effet peut être renforcé par un rétro-éclairage.
- La carcasse de l'élément intégré peut être réalisée dans un matériau bon marché, pour mieux investir dans les portes, les panneaux, et les façades de tiroirs.
- Ne vous lancez pas dans l'aventure à moins d'être entièrement sûr de vos capacités. Les cuisines ou les salles de bains en kit peuvent s'avérer délicates à poser. De nombreux magasins proposent désormais un service de conception (à condition que vous fournissiez les mesures) et poseront vos meubles pour vous.
- Si vos besoins impliquent une réorganisation de l'espace, mieux vaut se tourner vers un décorateur ou un architecte.

CI-DESSUS : UN RAIL D'ÉCLAIRAGE DISSIMULÉ EN HAUTEUR DE PLACARDS INTÉGRÉS BAIGNE LA CHAMBRE D'UNE LUMIÈRE DOUCE ET APAISANTE.

PAGE DE GAUCHE : DES PANNEAUX DE PORTE EN ACIER BROSSÉ FONT D'UN MUR D'ÉLÉMENTS DE CUISINE INTÉGRÉS UN DÉCOR MIROITANT CONTEMPORAIN.

# Accessoires

Que vous vous procuriez des éléments intégrés auprès d'une grande enseigne ou que vous fassiez réaliser des rangements encastrés par un détaillant spécialisé ou un professionnel, gardez à l'esprit que vous achetez de l'espace. Vous éprouverez souvent le besoin d'accessoiriser l'intérieur de vos placards et de vos tiroirs pour rentabiliser votre investissement. Les éléments intégrés sont disponibles sous la forme de modules de dimension standard qui ne couvriront pas forcément l'ensemble de vos besoins.

- Vous trouverez chez la plupart des détaillants des organiseurs de tiroirs, des paniers à fixer et divers accessoires pour optimiser votre volume de rangement.
- Les tablettes réglables permettent de rentabiliser l'intérieur des placards en regroupant les objets par taille.
- Les meubles à tourniquet permettent d'exploiter les angles perdus dans la cuisine.
- Vide-poches, porte-couvercles et autres organiseurs s'accrochent au dos des placards pour ranger les objets par catégorie.
- Si vous avez beaucoup de rangements et que vous avez choisi un modèle intégré aux finitions minimalistes, vous aurez peut-être du mal à retrouver ce que vous cherchez. Un croquis d'aménagement ou un inventaire peut être utile.
- Pour les rangements profonds, le cellier et la penderie, vous aurez besoin d'un éclairage artificiel dans les recoins les plus éloignés. Les veilleuses à détecteur d'ouverture de porte conviennent aux placards de petites dimensions. Les volumes plus importants nécessiteront un éclairage à commande manuelle.

À GAUCHE : GARDE-MANGER ET CHARIOTS COULISSANTS PERMETTENT D'APERCEVOIR VOS PROVISIONS D'UN SEUL COUP D'ŒIL.

PAGE DE DROITE : DES SUPPORTS EN BOIS DANS UN TIROIR PROFOND STABILISENT LES PILES DE VAISSELLE ET ÉVITENT LES ENTRECHOQUEMENTS.

AGA

# Mobilier de rangement

Les meubles de rangement présentent de multiples options, du buffet à la bibliothèque en passant par le vaisselier et le bahut. Leurs styles aussi sont variés, de la pièce d'époque au meuble contemporain épuré en matériau moderne.

Certains meubles comme les coffres ou les commodes sont suffisamment polyvalents pour héberger toutes sortes d'affaires. D'autres comme le classeur ont une destination plus spécifique. Si vous envisagez de déménager à moyen terme ou si vous ne pouvez pas transformer votre habitation, ces meubles représentent un investissement rationnel puisque vous pourrez les emporter avec vous.

Leur inconvénient est qu'ils occupent plus d'espace au sol que les éléments intégrés ou les placards. Un meuble trop volumineux peut monopoliser une pièce. Le lit est un meuble incontournable en soi : si vous lui ajoutez une armoire à penderie et une commode, vous aurez peut-être du mal à vous déplacer confortablement dans la chambre.

En achetant de nouveaux meubles pour satisfaire vos besoins de rangement, vous prenez aussi le risque de rompre l'unité de style de votre intérieur. Réfléchissez en amont à la meilleure façon de subvenir à vos besoins en combinant éléments fixes et mobiles.

PAGE DE GAUCHE : LES ANTIQUITÉS COMME CE MEUBLE ANCIEN À VITRINE OFFRENT DES VOLUMES DE RANGEMENT POLYVALENTS ET DÉCORATIFS.

CI-DESSUS : LE MOBILIER DU MILIEU DU XX$^{e}$ SIÈCLE, CONÇU POUR LES VOLUMES MODESTES, EST MOINS MASSIF QUE LE MOBILIER PLUS ANCIEN.

suite

# Mobilier de rangement

**Options**

- Certains meubles de rangement traditionnels comme le buffet n'ont rien perdu de leur popularité et peuvent faire une pièce maîtresse aussi pratique que décorative dans un intérieur ancien ou contemporain. Il en va de même des dressoirs au look rétro, qui apportent charme et esprit à la décoration.
- Les versions contemporaines des meubles de rangement, disponibles dans une variété de finitions et de matériaux autres que le bois, sont plus sobres et moins massives. Le bahut a par exemple été réinventé sous la forme d'un rangement large et bas adapté aux espaces polyvalents.
- Les rangements originellement conçus pour un usage non domestique comme les présentoirs de magasin, les casiers de consigne, les armoires à plans et les classeurs anciens en bois, apportent une note originale à votre dispositif de rangement. Ce type de mobilier de seconde main convient particulièrement aux grands espaces ouverts adaptés à leurs proportions.
- L'exigence de gain de place a mis sur le devant de la scène les meubles polyvalents. L'espace de rangement est désormais incorporé dans les lits dotés d'un grand tiroir, ou les banquettes dont l'assise cache un coffre de rangement.

CI-DESSUS : UN BUFFET TRADITIONNEL OU DES PLACARDS À L'ANCIENNE PEUVENT FAIRE CONTREPOINT DANS UNE CUISINE INTÉGRÉE.

PAGE DE DROITE : LE BAHUT A FAIT SON RETOUR CES DERNIÈRES ANNÉES, RÉINVENTÉ SOUS LA FORME D'UN RANGEMENT CONTEMPORAIN POLYVALENT ADAPTÉ AUX ESPACES MIXTES.

# Contenants

De la boîte en carton au pot de verre, les contenants sont l'une des pierres angulaires de l'organisation de la maison. Ils permettent à la fois de protéger et de trier leur contenu. Le regroupement des objets par catégorie est un principe de base du rangement.

L'usage de contenants est une des manières les plus économiques et les plus rapides de mettre en ordre tel ou tel endroit de la maison où le désordre s'installe. Un simple détour par la papeterie pour acheter un jeu de boîtes à archives, par exemple, peut résoudre en un instant vos problèmes de paperasserie. Et comme nombre de lacunes dans l'organisation de la maison sont dues à un défaut de décision, cette approche a bien des avantages.

Les contenants concernent le rangement de détail et doivent être taillés sur mesure pour leur contenu. Aucune solution ne peut s'adapter à toutes les situations. De même, un récipient uniquement utilisé comme dépotoir pour des objets disparates ne contribuera à aucun système d'organisation et sera source d'efforts supplémentaires. Si vous rangez les jouets de vos enfants dans un seul panier, il sera inévitablement vidé de son contenu sur le sol à chaque fois qu'ils partiront à la recherche de l'un d'entre eux.

PAGE DE GAUCHE : DES BOÎTES EN ROTIN TRESSÉ STOCKENT SOUS LE LAVABO DU PAPIER TOILETTE, DU LINGE DE BAIN ET DES PRODUITS D'ENTRETIEN.

CI-DESSUS : MÊME DE PETITS RÉCIPIENTS SONT UNE SOLUTION DE RANGEMENT IMMÉDIATE ET EFFICACE À CONDITION DE TRIER LES OBJETS.

suite

# Contenants

## Conseils utiles

- Respectez les proportions. Rangez les petits articles dans de petits contenants ou dans des contenants eux-mêmes emboîtés dans d'autres contenants de plus grande taille. Les articles plus volumineux seront entreposés dans des contenants adaptés.
- Assortissez les contenants exposés à la vue : bocaux, boîtes en plastique ou métalliques, paniers d'osier.
- Recyclez les bocaux, les boîtes de fer, les boîtes à chaussures et autres emballages. Les bocaux en verre permettent d'accéder d'un coup d'œil à leur contenu, les autres pourront être étiquetés.
- L'usage d'un code de couleurs est une bonne façon de trier les affaires des enfants ou de distinguer celles de chacun des occupants de la maison.
- Ne conservez pas d'objets précieux dans des boîtes fermées à clé qui informeront le voleur éventuel de la valeur de leur contenu. Si vous devez entreposer chez vous des objets de valeur, investissez dans un coffre-fort. Mieux, louez-en un à la banque.
- Les boîtes sont un bon moyen d'accessoiriser l'intérieur des tiroirs ou des placards.
- Boîtes à chapeaux, malles et bagages anciens font des contenants originaux et décoratifs.
- Les bacs en plastique rigides à couvercle sont l'idéal pour le rangement au long cours.

CI-DESSUS : POUR LE RANGEMENT CACHÉ, DIVERS CONTENANTS SONT DISPONIBLES SUR LE MARCHÉ COMME CES BOÎTES UNIES À COINS RENFORCÉS.

PAGE DE DROITE : INDISPENSABLES DANS LES CHAMBRES D'ENFANTS, LES PANIERS DE RANGEMENT SONT UN BON MOYEN DE SÉPARER LES JOUETS DE CHACUN.

SID

# Utiliser l'espace perdu

CI-DESSUS : CET ANCIEN GRENIER A ÉTÉ RECONVERTI EN BUREAU À DOMICILE À L'ÉCART DES RUMEURS DE LA MAISON.

PAGE DE GAUCHE : LES GRADINS DE DESSOUS D'ESCALIER ONT INSPIRÉ UNE VASTE GAMME DE SOLUTIONS DE RANGEMENT SUR MESURE OU STANDARD.

Quand toutes les pièces sont pleines à craquer, l'espace peut donner l'impression d'être saturé. La plupart des habitations cachent pourtant des recoins inemployés qui peuvent être convertis en espaces de rangement pour réduire l'encombrement général.

**Convertir un grenier ou un sous-sol**

Il n'est pas nécessaire de convertir le grenier ou le sous-sol en pièce d'habitation pour bénéficier de sa surface d'appoint.
Dans le cas d'un grenier, il vous suffit de recouvrir les solives d'un revêtement fonctionnel (un panneau dur de fibres de bois peut faire l'affaire) et de l'équiper d'un moyen d'accès robuste. Un éclairage peut être utile.
Ce type d'aménagement minimal permet d'exploiter le grenier pour le rangement au long cours. Le sous-sol, dont la fraîcheur et l'obscurité sont bénéfiques pour certaines denrées comme le vin, peut aussi s'avérer un bon endroit de stockage.

- Rangez les objets à entreposer dans des boîtes rigides à couvercle et dressez l'inventaire de leur contenu.
- Les solives d'un grenier n'ont pas la résistance de celles d'un plancher standard : si vous avez besoin d'entreposer des objets très lourds, prévoyez de les renforcer.
- Si vous envisagez d'utiliser un sous-sol comme lieu de stockage, assurez-vous qu'il n'est pas humide.

suite

# Utiliser l'espace perdu

### Escaliers, entrées et paliers

Outre leur fonction de circulation, les escaliers, les entrées et les paliers peuvent être d'utiles espaces de rangement. Plutôt que de les laisser s'encombrer, installez-y des étagères, des casiers ou des placards intégrés.

Profitez-en pour réévaluer les itinéraires de circulation dans la maison. Quand deux portes donnent sur une même pièce, l'une est en général plus fréquentée que l'autre. Condamner une porte superflue libère de l'espace au mur pour des étagères ou des éléments de cuisine.

- Des rayonnages de dossiers ou de livres peuvent être aménagés sur toute la hauteur d'une entrée spacieuse. Des placards intégrés peuvent aussi servir de vestiaire.
- Fixer des supports au mur ou au plafond d'une entrée secondaire permet d'y accrocher des vélos.
- Un palier spacieux peut accueillir des rangements fixes ou indépendants. Un coffre, par exemple, peut servir à ranger des serviettes de toilette, des draps de rechange ou une couette d'appoint, et son couvercle à disposer des objets de décoration.
- L'espace en gradins du dessous d'escalier est d'un aménagement facile. Vous pouvez vous contenter d'y glisser des blocs de rangement de hauteurs différentes, ou choisir d'y intégrer des étagères, des placards ou des tiroirs.
- Des escaliers sur mesure peuvent être détaillés de manière à intégrer des volumes de rangement sous ou entre les marches.

CI-DESSUS : DE PROFONDS TIROIRS S'EMBOÎTENT ICI ASTUCIEUSEMENT SOUS UNE ESTRADE POUR OFFRIR UN RANGEMENT D'APPOINT.

PAGE DE DROITE : UN ESPACE DE BUREAU COMPACT OCCUPE L'ESPACE SOUS UNE VOLÉE D'ESCALIER. LE RADIATEUR EXTRA-PLAT EST UN BON ÉCONOMISEUR D'ESPACE.

Jussi Björling
TILL HAVS

# Présenter

Les objets que vous laissez en vue doivent ou bien contribuer au plaisir que vous procure votre intérieur ou bien être utilisés constamment. Dans certains cas, ils remplissent ces deux critères. Les rails d'ustensiles de cuisine ou les corbeilles de fruits frais sont aussi fonctionnels qu'esthétiques. Les étagères de livres introduisent un rythme décoratif.

Tablettes de cheminée, plateaux de tables, étagères, murs et rangements se prêtent naturellement à la mise en scène. Les organes de circulation comme les escaliers, les couloirs et les paliers sont aussi de bons candidats. Cadres et objets de décoration permettent de personnaliser ces espaces de passage.

- Dégagez autour des objets l'espace nécessaire pour les apprécier pleinement.
- Prenez le temps de modifier leur disposition de temps en temps pour vous rafraîchir la vue.
- N'exposer que des objets que vous êtes prêts à entretenir et assurez-vous qu'ils ne craignent pas la lumière.
- Mettez-les en valeur par un éclairage ponctuel : un rétro-éclairage fera ressortir la délicate transparence du verre, un éclairage latéral soulignera la morphologie d'un objet et sa texture, et un faisceau lumineux dirigé sur un objet isolé créera un effet de mise en scène.

PAGE DE GAUCHE : RASSEMBLÉS PAR CATÉGORIE, COULEUR OU FORME, LES OBJETS ONT PLUS D'IMPACT QUE DISSÉMINÉS DANS TOUTE LA PIÈCE.

À GAUCHE : DES ÉTAGÈRES HAUTES DE PRÉSENTATION CRÉENT UNE FORTE CONNEXION VISUELLE ENTRE DEUX PIÈCES RÉUNIES.

suite

# Présenter

### Collections

Beaucoup de gens prennent plaisir à faire des collections, même si ce qu'ils collectionnent a peu de valeur intrinsèque. C'est la nature même d'une collection que de convertir la quantité en qualité.

- La règle d'or en matière d'exposition de collection est de regrouper les objets à un endroit ou de les disposer derrière un cadre, une vitrine ou sur un buffet. L'effet de concentration donne à la collection l'unité qui fait toute sa valeur décorative. Une collection disséminée dans toute la pièce ne produit qu'une impression de désordre.
- Rassemblez les objets par thème, couleur, morphologie ou tout autre critère d'unification.
- Les variations de hauteur sont souvent décoratives.
- Pour les petites collections, les associations impaires (par 3, 5, 7) sont visuellement plus attractives que les associations paires.

### Cadres

- Plutôt que de répartir les encadrements d'images et de photographies dans toute la pièce, consacrez-leur un mur ou n'en disposez qu'une bien en évidence. Laissez les autres murs nus pour ne pas surcharger la pièce.
- Une collection de gravures ou de photographies de format réduit gagne à être regroupée. Si elles sont toutes de taille identique, disposez-les en rangs réguliers, sinon tentez plusieurs ordonnancements au sol avant de les suspendre.

CI-DESSUS : UN COLLAGE DE CARTES POSTALES, DE PHOTOGRAPHIES ET DE COUPURES DE PRESSE EST SOURCE D'INSPIRATION AU-DESSUS D'UNE TABLE DE TRAVAIL.

PAGE DE DROITE : METTEZ EN VALEUR VOS COLLECTIONS. CES TABLETTES BLANCHES À FIXATION INVISIBLE FUSIONNENT AVEC LE MUR.

INTRODUCTION

ÉLABORATION DU PROJET

TYPES DE RANGEMENTS

# PIÈCE PAR PIÈCE

## Pièces polyvalentes

Le concept de pièce polyvalente va de la cuisine avec coin repas au séjour en plan ouvert dédié à d'autres fonctions comme la préparation et le repas. L'organisation de l'espace et des rangements est encore plus cruciale dans une pièce qui doit concilier plusieurs activités. Pour que le séjour reste un endroit agréable où se détendre et recevoir des invités, les rangements doivent se faire les plus discrets possibles, et une solution intégrée sera le plus souvent privilégiée.

Aménagez la pièce de façon à favoriser la séparation entre les différentes activités. Les activités sociales et ludiques peuvent être regroupées, tandis que celles qui demandent plus de concentration seront isolées par un élément de séparation. Un renfoncement peut par exemple loger un petit bureau. La disposition des meubles et certains vecteurs de séparation comme les comptoirs et les demi-cloisons peuvent servir à marquer la transition d'une zone à l'autre. Si votre séjour intègre un coin repas, disposer un canapé dos à la table à manger peut suffire à matérialiser la frontière entre les deux espaces. Les tapis sont un bon moyen de souligner la disposition des fauteuils du salon et d'accentuer la séparation entre la partie dédiée à la détente et le reste de la pièce.

CI-DESSUS : DES PANNEAUX VITRÉS COULISSANTS DISSIMULENT UN TÉLÉVISEUR, DES DVD ET DES JEUX DE SOCIÉTÉ, PARFOIS VISUELLEMENT INTRUSIFS.

PAGE DE GAUCHE : CASIERS OUVERTS ET PLACARDS FERMÉS COMBINÉS ALLIENT RANGEMENT ET DÉCORATION. LES ESPACES POLYVALENTS SE PRÊTENT PARTICULIÈREMENT AUX SOLUTIONS INTÉGRÉES.

suite

# Pièces polyvalentes

**Conseils utiles**

- Envisagez la possibilité de transférer ailleurs l'une des fonctions assurées actuellement par la pièce. Sinon, vous avez la possibilité de gagner de l'espace en déplaçant toute une catégorie d'affaires. Installer des étagères dans l'entrée peut ainsi être une solution pour les livres.
- Les placards intégrés, dont les portes permettent de dissimuler des activités disparates, sont souvent la meilleure solution pour les pièces mixtes. Un bureau à domicile peut être très compact et fonctionnel.
- Un comptoir de cuisine dans un séjour ouvert dissimule les activités de préparation.
- Équipez-vous de meubles polyvalents. Si le séjour est le seul endroit où faire dormir un hôte de passage, il peut être pratique d'investir dans un canapé-lit de bonne qualité. Préparez-vous à un achat onéreux – les canapés-lits bon marché ne sont confortables dans aucune de leurs fonctions. Sinon, un matelas pliant ou un bloc de mousse capitonnée serviront à la fois d'assise et de lit d'appoint.
- Une banquette encastrée sous la fenêtre permet de dissimuler un volume de rangement supplémentaire pour les jouets, les jeux de société, les CD et les DVD.
- Des tablettes escamotables offrent une surface d'appoint pour travailler ou prendre un repas. Les éléments articulés de ce type doivent pouvoir être manipulés en douceur.

CI-DESSUS : UN BUREAU INTÉGRÉ DANS UN ESPACE POLYVALENT OFFRE UN POSTE DE TRAVAIL DISCRET ET COMPACT.

PAGE DE DROITE : UNE LONGUE CLOISON À MI-HAUTEUR FAIT FONCTION DE TÊTE DE LIT ET ISOLE LE COIN NUIT DU RESTE DE LA PIÈCE.

FARGO
SCARFACE
LAROUSSE

MINOTAURE
MODERN ART
TATLIN
RODIN
ITALIAN RENAISSANCE STUDIES
VANESSA BELL
ASPLUND

# Séjour

Le séjour est l'une des pièces les plus fréquentées de la maison et celle qui doit avant tout faire droit à la détente, quelles que soient les autres activités qui s'y déroulent. En tant qu'endroit où se concentrent tous nos efforts en matière de décoration, il sert souvent à mettre en évidence nos pièces favorites.

L'objectif doit être de dégager au maximum le sol et les diverses surfaces, ce qui implique généralement d'utiliser les murs comme supports pour des étagères ou d'autres rangements ouverts ou fermés. Dans la mesure où la plupart des séjours contiennent du mobilier volumineux, canapés ou fauteuils, il sera préférable d'opter pour une solution intégrée plutôt que de multiplier les meubles sur pied ou les contenants, qui peuvent encombrer la vue.

Le séjour est par nature un espace partagé. Chacun des occupants de la maison peut être amené à l'utiliser quotidiennement à sa manière, ce qui est facteur de désordre. Une bonne façon de repenser ses aménagements est d'aller dans le séjour et d'imaginer que des amis sont annoncés dans une heure. Que rangeriez-vous ? Qu'élimineriez-vous purement et simplement ? Ce type de considérations peut donner un aperçu des diverses façons de remanier l'espace de rangement dans le séjour.

PAGE DE GAUCHE : TOUT CE QUE VOUS LAISSEZ EN ÉVIDENCE DANS LE SÉJOUR DOIT CONTRIBUER À L'ALCHIMIE ESTHÉTIQUE DE LA PIÈCE.

CI-DESSUS : DE PROFONDES ÉTAGÈRES EN BOIS PEINTES DE LA MÊME COULEUR QUE LES MOULURES S'INTÈGRENT AUX FINITIONS ARCHITECTURALES.

suite

# Séjour

## Options

- Les étagères sont le pivot de l'organisation du rangement dans le séjour où elles peuvent accueillir les objets qu'on y dispose traditionnellement : livres, magazines, CD et DVD. Dans le séjour, les étagères doivent se fondre discrètement dans leur environnement ou être suffisamment esthétiques pour supporter le regard.
- Une solution pratique est de combiner des étagères de livres ouvertes et des placards fermés en partie inférieure pour les jeux et les CD qui ont peu d'intérêt décoratif.
- Le séjour accueille de plus en plus souvent l'équipement audiovisuel, ainsi que les disques qui vont avec. Le téléviseur est dans le meilleur des cas une figure dominante du salon, mais les téléviseurs à écran plat peuvent prendre une place démesurée. Dissimuler derrière un panneau ou les portes d'un placard permet d'entretenir une atmosphère de détente quand il n'y a rien à regarder à la télévision.
- Le rythme des avancées technologiques fait que la plupart d'entre nous possèdent le même film ou le même album sous différents formats. Débarrassez-vous des formats les plus anciens ou rangez-les ailleurs.
- Rangez vos CD et DVD favoris à proximité de l'endroit d'écoute ou de visionnage et les autres dans des contenants étiquetés.
- Vérifiez que les prises sont en nombre suffisant pour vos équipements et évitez de faire passer les câbles électriques au travers de la pièce.

CI-DESSUS : LA CHEMINÉE EST UN MEILLEUR POINT DE CONVERGENCE QU'UN ÉCRAN DE TÉLÉVISION. DE PART ET D'AUTRE, UN PETIT PLACARD ET UNE TABLE BASSE OFFRENT UN RANGEMENT POUR LES LIVRES.

PAGE DE DROITE : LE MATÉRIEL AUDIOVISUEL EST DISCRÈTEMENT RANGÉ SUR DES ÉTAGÈRES DANS UN COIN.

SHIKE
VENDETTA
The House Book
THE CARD
CLIMBING
10 x 10
marc newson
California Interiors
neufert
MODERN FURNITURE

# Cuisine

La réussite d'une cuisine tient entièrement à la qualité de sa conception et de ses systèmes d'organisation. Dans le feu de l'action, vous devez pouvoir accéder aux ingrédients et aux ustensiles de cuisson sans avoir à réfléchir. Vous devez aussi être certain que les produits frais, les surgelés et les conserves sont conservés dans des conditions optimales. Lieu de repas voire centre névralgique de la vie familiale, les diverses fonctions remplies par la cuisine créent des besoins de rangement spécifiques.

Que vous optiez pour une solution intégrée, indépendante ou mixte, les rangements s'organiseront autour du « triangle d'activité » défini par le réfrigérateur, l'évier et le plan de cuisson ou la cuisinière. La distance entre ces trois pôles ne devrait pas dépasser 6 m. Différents types d'implantation permettent de tenir compte du triangle fonctionnel : plan linéaire, en L, en U, parallèle, en épi ou en îlot. L'implantation parallèle est idéale pour les petites cuisines, le plan en îlot exige une surface plus importante.

Le périmètre vital est compris entre l'évier et le poste de cuisson. Tout ce que vous y rangez doit concerner directement la préparation et la cuisson des aliments que vous consommez régulièrement. Le reste de l'épicerie et du matériel sera réparti à proximité dans des placards.

PAGE DE GAUCHE : DES RAYONNAGES OUVERTS METTENT EN SCÈNE UNE COLLECTION DE VAISSELLE, UN TYPE DE DÉCORATION QUI ANIME LA CUISINE.

CI-DESSUS : LE SEGMENT PRINCIPAL DU PLAN DE TRAVAIL S'INTERCALERA ENTRE L'ÉVIER ET LE POSTE DE CUISSON.

suite

# Cuisine

**Conseils utiles**

- Passez régulièrement en revue les provisions et le matériel de cuisine. Jetez les aliments périmés. Examinez d'un œil critique les ustensiles et le petit électroménager. Les articles que vous n'utilisez presque jamais sont mûrs pour le recyclage.
- Si vous jetez beaucoup de produits frais, il est temps de revoir votre façon de faire les courses. Ne vous laissez pas tenter par une offre spéciale pour acheter en grosses quantités.
- Herbes séchées et épices seront rangées de préférence dans un porte-condiments à l'abri de la lumière et de l'humidité.
- Certains accessoires comme les séparateurs de tiroirs, les casiers et les étagères réglables permettent d'aménager l'intérieur des placards intégrés de façon à optimiser l'espace de rangement.
- Ce que vous laissez apparent – sur des rayonnages ouverts, un rail de suspension ou sur le plan de travail – doit être d'un usage quotidien. Le petit électroménager utilisé occasionnellement doit disparaître du plan de travail.
- Rangez les couteaux dans un porte-couteaux, sur un rail magnétique ou dans un tiroir peu profond spécialement dédié.
- Vérifiez l'état de fonctionnement de votre réfrigérateur. Éloignez-le des sources de chaleur, dégivrez-le régulièrement et évitez de le surcharger. Respectez une bonne hygiène alimentaire : tenez les matières premières à l'écart des produits cuisinés.

- Les congélateurs fonctionnent mieux quand ils sont pleins. Étiquetez et datez les produits que vous congelez vous-même.

CI-DESSUS : LA CONSERVATION DU VIN REQUIERT DES CONDITIONS SPÉCIFIQUES. CE MODULE PERMET D'ENTREPOSER LES BOUTEILLES À L'HORIZONTALE.

PAGE DE DROITE : LE THÉ, LE CAFÉ ET LE SUCRE PEUVENT ÊTRE RANGÉS PRÈS DE LA BOUILLOIRE DANS DES RÉCIPIENTS HERMÉTIQUES.

THE RIVER CAFE COOK BOOK
RIVER CAFE COOK BOOK TWO

# Salle à manger

La salle à manger indépendante tend de nos jours à se raréfier, la plupart des gens choisissant d'intégrer le coin repas à la cuisine ou à un séjour ouvert incluant parfois les activités de préparation. Quelle que soit la solution pour laquelle vous optez, vous aurez besoin de rangements spécialement dédiés à la vaisselle, aux couverts et aux verres à proximité de la table et le moins éloignés possible de l'évier ou du lave-vaisselle.

Les buffets ou les dressoirs à l'ancienne peuvent offrir suffisamment d'espace de rangement pour les verres, les couverts et la vaisselle de tous les jours. Vous pouvez aussi avoir recours à des éléments intégrés, à des étagères ou à des supports ouverts. Ne laissez à l'air libre que les objets utilisés régulièrement pour éviter qu'ils ne prennent la poussière et la graisse.

- Les étagères peu profondes sont idéales pour la vaisselle et les verres. Les pièces ne s'entassent pas vers le fond et s'entrechoquent moins.
- Regroupez la vaisselle par taille, service ou fonction et n'empilez pas plus de huit pièces.
- Les porte-assiettes évitent les ébréchures.
- Les séparateurs de tiroirs sont indispensables pour ranger les couverts. L'argenterie doit être séparée de l'inox dans une ménagère doublée de feutrine ou dans une trousse de feutrine.
- Rangez les verres par taille et par service, jamais tête en bas.
- Ne suspendez pas les tasses fragiles par l'anse, c'est leur partie la plus vulnérable.

PAGE DE GAUCHE : L'USAGE D'UN TAPIS EST UNE BONNE MANIÈRE DE DÉFINIR LE COIN REPAS DANS UNE PIÈCE POLYVALENTE.

CI-DESSUS : LE VAISSELIER TRADITIONNEL N'A RIEN PERDU DE SA POPULARITÉ POUR RANGER LES COUVERTS ET LA VAISSELLE DE TOUS LES JOURS.

# Salle de bains

Comme la cuisine, la salle de bains comporte des installations de plomberie fixes. Ceci ajouté au fait qu'elle soit généralement de taille réduite induit souvent une solution intégrée. Des rangements encastrés permettent d'intégrer le lavabo, la cuvette des W.-C., la baignoire et la douche pour un effet harmonieux et soigné. Les magasins spécialisés et les grandes enseignes possèdent généralement leur propre service de conception pour vous aider à tirer le meilleur parti de l'espace disponible, mais vous pouvez faire appel à une entreprise de construction ou à un menuisier pour une installation sur mesure.

## Options

- Les meubles de toilette se déclinent dans des formats et des styles variés, du placard suspendu à la table ou au meuble sur socle avec vasque encastrée.
- Choisir un lavabo ou une cuvette de W.-C. suspendus permet de dissimuler le réservoir de la chasse d'eau, le tuyau d'écoulement et la plomberie derrière un mur factice qui peut incorporer des rangements.
- Les meubles indépendants, armoires ou commodes, ne conviennent vraiment qu'aux salles de bains spacieuses.
- L'atmosphère très humide des douches à l'italienne, dont l'écoulement se fait directement par le sol, tend à limiter les rangements dans la salle de bains.

CI-DESSUS : UN MEUBLE DE TOILETTE AVEC VASQUE S'EMBOÎTE DANS UN RENFONCEMENT. LA BORDURE EN BOIS OFFRE UN EMPLACEMENT COMMODE POUR LE SAVON ET LES BROSSES À DENTS.

PAGE DE DROITE : UNE ARMOIRE À LINGE APPORTE SA CONTRIBUTION ESTHÉTIQUE À UNE SALLE DE BAINS SPACIEUSE. UN FAUX PANNEAU INTÈGRE LE RÉSERVOIR DES W.-C.

suite

# Salle de bains

## Conseils utiles

- Les cosmétiques se conservent rarement plus de six mois. Les vieux médicaments peuvent être nocifs. Faites les placards de votre salle de bains et débarrassez-vous des produits de beauté et des médicaments périmés.
- Dans une salle de bains familiale, il peut être utile d'attribuer à chacun ses rangements. Une patère multiple fixée au mur ou au dos de la porte de la salle de bains peut servir à suspendre les trousses de toilette individuelles.
- Rangez les réserves de papier toilette à l'extérieur de la salle de bains. De manière générale, les salles de bains sont aussi trop petites pour accueillir tout votre linge de bain.
- Les produits et les accessoires de bain que vous utilisez quotidiennement peuvent rester à l'air libre sur des étagères.
- Il est bien plus agréable d'occulter les produits d'entretien ou de les conserver ailleurs.
- Les armoires de toilette murales à miroirs et éclairage intégré font un bon usage de l'espace disponible.
- Les brosses à dents doivent être mises à sécher après utilisation, par exemple sur un support mural.
- Rangez le savon sur un support en fils d'acier, ou sur un porte-savon perforé ou dentelé.
- Les porte-serviettes chauffants gardent les serviettes au chaud et au sec, tout en diffusant une chaleur d'ambiance.
- Les paniers improvisent d'utiles rangements de salle de bains.

PAGE DE GAUCHE : UN BANC EN BOIS AJOURÉ OFFRE UN RANGEMENT DISCRET ET ÉPURÉ POUR LES SERVIETTES DE RECHANGE ET LES ACCESSOIRES DE BAIN.

CI-DESSUS : LES AMÉNAGEMENTS INTÉGRÉS PERMETTENT D'ASSORTIR LES ÉQUIPEMENTS ET D'ENCASTRER LA PLOMBERIE ET LES RANGEMENTS.

# Chambre

Nous comptons sur la chambre pour nous fournir le cadre intime et confortable dont nous avons besoin pour nous ressourcer à la fin de la journée. La chambre est aussi l'endroit où nous conservons l'essentiel de notre garde-robe. Une conception soignée s'impose pour s'assurer que cette indispensable fonction de rangement ne remet pas en cause le rôle de refuge de la chambre.

Puisque la chambre est inévitablement dominée par un élément de mobilier imposant, il est préférable d'installer des placards intégrés plutôt que d'empiéter sur la surface au sol avec de nouveaux meubles de rangement indépendants. Si toutefois votre chambre comporte un renfoncement ou une niche, vous pouvez y loger une commode sans entamer l'aire fonctionnelle.

La première chose à faire est de procéder à un passage en revue complet de vos affaires. Des études ont montré que la majorité des gens ne portent que 20 pour cent du contenu de leur garde-robe, ce qui signifie que l'essentiel du rangement dédié aux vêtements est alloué en pure perte. Débarrassez-vous des vêtements que vous n'avez pas portés depuis plus d'un an, qui ne sont pas à votre taille, ne vous conviennent pas ou réclament des réparations coûteuses. Une rotation saisonnière peut aussi aider à désengorger l'espace.

CI-DESSUS : L'ASPECT MASSIF D'UNE GARDE-ROBE TRADITIONNELLE EST ATTÉNUÉ PAR UNE COUCHE DE PEINTURE BLANCHE. DES CANTINES DE FORMAT ADÉQUAT SE GLISSENT SOUS LE LIT.

PAGE DE DROITE : DES RENFONCEMENTS GARNIS D'ÉTAGÈRES FONT OFFICE DE TABLES DE CHEVET ET DE RANGEMENTS POUR DES LIVRES.

ORGANIC

suite

# Chambre

### Conseils utiles

- Procédez de la même façon que pour vos vêtements avec tout ce que vous conservez dans votre chambre et débarrassez-la du superflu. Certains entretiennent une bibliothèque sous leur lit, d'autres une collection de magazines ou de DVD.
- Vous aurez besoin pour ranger vos vêtements d'une penderie, superposée si possible, et de tiroirs ou d'étagères pour ce qui doit être entreposé à plat.
- Ne laissez en vue qu'un petit nombre d'articles. Les étagères et les penderies ouvertes exposent les vêtements à la poussière et à l'usure de la lumière.
- Les chaussures peuvent être rangées sur des supports au bas de la penderie, dans des casiers, des sacs de tissu ou des boîtes à couvercle.
- Tirez parti du dessous de lit en y glissant des objets volumineux, couvertures de rechange ou pull-overs. Certains lits intègrent des tiroirs ou des compartiments de rangement.
- Ne surchargez pas vos rangements de vêtements. Les mites prolifèrent dans les tiroirs pleins à craquer.
- Aménagez l'intérieur des placards et des tiroirs avec des séparateurs, des supports et des tringles pour ranger les accessoires.
- Il est utile de regrouper les vêtements par type, par longueur et par couleur.
- Les robes du soir et les costumes habillés pourront être rangés dans des housses de protection supplémentaire en coton.

CI-DESSUS : CETTE TABLE DE CHEVET INTÉGRÉE À TIROIR ALLÈGE SON EMPREINTE AU SOL. L'APPLIQUE ORIENTABLE FAVORISE LE CONFORT DE LECTURE.

PAGE DE GAUCHE : UNE GARDE-ROBE INTÉGRÉE EST MOINS INTRUSIVE DANS UNE CHAMBRE. LES LAMPES ARTICULÉES AU-DESSUS DES PLACARDS AJOUTENT UNE TOUCHE DE GRÂCE FONCTIONNELLE.

# Dressing

Bien que le concept de dressing puisse souvent apparaître comme le comble du luxe, il peut s'avérer très rentable en termes d'utilisation de l'espace. En outre, le fait de libérer la chambre de tous les vêtements en fait un endroit plus paisible et contemplatif.

Le dressing n'a pas besoin d'être grand pour valoir la peine d'être installé. Un placard de plain-pied ou un étroit couloir bordé de part et d'autre de penderies et d'étagères suffira en général à contenir votre garde-robe. Il est important de l'implanter à proximité de la chambre ou de la salle de bains, où les vêtements sont le plus souvent manipulés. Une autre solution consiste à convertir en dressing une petite chambre d'appoint.

- Les spécialistes du rangement proposent des systèmes de placards pour dressing (ou des rangements intégrés pour la chambre).
- Vous pouvez commander un aménagement sur mesure auprès d'un menuisier qualifié.
- Un simple placard de plain-pied peut être équipé de tringles, d'étagères et de tiroirs dissimulés derrière des portes ou des panneaux coulissants.
- Un miroir en pied est indispensable.
- L'éclairage est important. Il vous faudra un bon éclairage général et des veilleuses intégrées à l'intérieur des placards et des penderies.

CI-DESSUS : LE DRESSING MINIMAL COMPREND UN RAIL DE SUSPENSION ET UN SIMPLE ÉLÉMENT MODULAIRE POUR LES VÊTEMENTS ET AUTRES ACCESSOIRES.

PAGE DE DROITE : LES DRESSINGS SUR MESURE INCLUENT TOUS LES TYPES DE RANGEMENT : PENDERIES SUPERPOSÉES, TIROIRS, ÉTAGÈRES ET CASIERS.

c d e f g h i
l m n o p
u v w x y z

# Chambre d'enfant

Les enfants grandissent vite et multiplient leurs affaires à la vitesse de l'éclair. Des systèmes de rangement flexibles et accessibles sont vitaux. Les rangements miniatures méritent rarement leur investissement, et il est conseillé de plutôt réfléchir à des solutions évolutives comme les bibliothèques, les étagères encastrées, les commodes, les penderies et les boîtes de rangement.

**Âges et étapes**

- Suivez le rythme en vous réservant des moments pour faire le point et vous débarrasser des jouets et vêtements devenus inadaptés. Les objets en bon état peuvent être transmis à d'autres membres de la famille ou donnés.
- Les équipements pour bébés, poussettes et chaises hautes, sont parfois encombrants. Choisissez des modèles pliants.
- Les enfants en bas âge ont besoin de beaucoup d'espace au sol pour jouer. Allouez l'espace en conséquence : une chambre spacieuse faisant office de salle de jeux libère d'autant le reste de la maison. Il sera toujours temps de revoir cet agencement quand les enfants auront chacun besoin de leur chambre séparée.
- Pour les enfants en âge d'aller à l'école, les systèmes modulaires combinant lit et rangements sont une bonne solution.
- Des patères et des tringles basses rendent vêtements et sacs de loisir accessibles aux enfants.
- Ménagez beaucoup d'espace libre pour que les enfants puissent être entourés de leurs jouets, leurs livres, leurs œuvres d'art et autres souvenirs favoris.

CI-DESSUS : UN PLACARD MURAL GARDE LES LIVRES À PORTÉE DE MAIN ET PERMET D'EXPOSER DES JOUETS.

PAGE DE GAUCHE : DES CASIERS MODULAIRES FONT DE FABULEUX VOLUMES DE RANGEMENT POUR TOUTES SORTES D'AFFAIRES.

suite

# Chambre d'enfant

## Contenants

Boîtes en plastique de couleur et pots en tous genres, les contenants sont indispensables pour ranger les affaires des enfants. Dans les premiers mois, les possessions du bébé tiendront probablement dans un seul récipient – choisissez-en un de grande contenance mais facile à porter. Quand l'enfant commencera à accumuler les possessions, rangez-les par catégorie. Les jeux d'assemblage pourront être répartis dans des boîtes selon un code de couleur. Des bacs sur roulettes à glisser sous le lit peuvent être pratiques, de même que les modèles modulaires ou empilables.

## Administration courante

- Gardez les documents importants comme les certificats de naissance, les carnets de vaccination et les bulletins scolaires dans un classeur consacré.
- Les notes d'information aux parents et les emplois du temps se rangeront avec le reste de la documentation courante.
- Un calendrier affiché en évidence aide à se souvenir des dates importantes.

## Sécurité

- Assurez-vous que les éléments de rangement hauts et lourds sont suffisamment bien fixés au mur pour éviter qu'ils ne se renversent ou ne soient déplacés.
- Les lits surélevés ou superposés doivent être conformes aux normes de sécurité. Les enfants de moins de cinq ou six ans ne sont pas autorisés à dormir sur la couchette supérieure d'un lit superposé.

- Évitez les façades et les portes vitrées près du sol.
- Conservez sous clé les substances toxiques (produits d'entretien, peintures, colles, fertilisants et médicaments).

CI-DESSUS : DES RANGEMENTS ACCESSIBLES ENCOURAGENT LES ENFANTS À PRENDRE SOIN DE LEURS AFFAIRES.

PAGE DE DROITE : UNE TABLE À LANGER AJUSTÉE AU LIT D'ENFANT ÉCONOMISE UN ESPACE PRÉCIEUX DANS CETTE PETITE CHAMBRE.

# Pièces d'activités

Pour remplir efficacement leurs différentes fonctions, la buanderie, l'atelier et le bureau à domicile nécessitent de bons systèmes d'organisation. Ces espaces fonctionnels généralement à l'abri des regards ont pourtant tendance à servir de dépotoir pour des objets et du matériel peu en rapport avec l'activité d'origine. Commencez par un bon coup de balai, puis organisez rationnellement les outils, les équipements et les fournitures pour faciliter l'accomplissement des différentes tâches.

## Buanderie

- La buanderie indépendante est l'endroit idéal pour stocker d'autre matériel d'entretien comme l'aspirateur, le seau et le balai à serpillière. N'entreposez pas les outils de jardinage au même endroit.
- Si vous ne disposez pas d'une pièce séparée, vous pouvez placer les machines dans la salle de bains ou la cuisine intégrée. La machine à laver peut aussi être logée dans un placard garni en hauteur d'étagères à linge. Les planches à repasser escamotables ou pliantes permettent aussi de réaliser des économies d'espace.
- Le linge de maison doit être conservé dans un endroit sec et chauffé, accessible depuis les chambres et la salle de bains, par exemple un placard-séchoir, un coffre ou une commode.
- Il est recommandé d'observer un roulement des draps et des serviettes pour éviter l'usure.

CI-DESSUS : DES ÉTAGÈRES AMÉNAGÉES DANS UN RENFONCEMENT ACCUEILLENT LE LINGE DE MAISON ET LE MATÉRIEL DE REPASSAGE. UNE BONNE ORGANISATION REND LES TÂCHES MÉNAGÈRES PLUS AGRÉABLES À ACCOMPLIR.

PAGE DE GAUCHE : UN BUREAU INDÉPENDANT ISOLÉ DU RESTE DE LA MAISON EST INDISPENSABLE SI VOUS TRAVAILLEZ À PLEIN-TEMPS À DOMICILE.

suite

# Pièces d'activités

**Bureau**

- Choisissez un emplacement qui offre une séparation physique et psychologique du reste de la vie du foyer : un grenier reconverti, une pièce d'appoint, un palier spacieux ou un appentis.
- Gardez les objets utilisés quotidiennement sur ou à côté du plan de travail.
- Les fournitures et les dossiers en relation avec les projets en cours seront rendus accessibles sur des étagères, dans des tiroirs ou des meubles classeurs.
- Les archives liées à votre parcours professionnel, y compris les relevés de compte et les feuilles de déclaration de revenus, relèvent du rangement de longue durée.

- Les accessoires modulaires comme les boîtes à archives apportent un élément de cohérence visuelle aux systèmes de rangement ouverts.

**Atelier, garage et appentis**

- Beaucoup de gens accumulent des outils sans les utiliser. Plutôt que de les stocker, envisagez d'emprunter ou de louer votre outillage pour les rares occasions où vous en faites usage.
- Classez les outils par fonction. Séparez par exemple les outils de jardinage des outils de mécanique automobile.
- Râteliers et supports d'accrochage permettent d'exploiter l'espace mural.
- De nombreuses entreprises proposent des systèmes de rayonnage robustes spécifiquement conçus pour le garage ou l'atelier.
- Les caisses à outils à compartiments intérieurs et à tiroirs pliants sont utiles pour le petit outillage. Rangez les clous et les vis par taille dans des récipients étiquetés.

À GAUCHE : DES PANIERS EN OSIER ET DIVERS RÉCIPIENTS SERVENT À RANGER LES OUTILS ET LES FOURNITURES DANS UN BUREAU À DOMICILE.

PAGE DE DROITE : UN PALIER OU L'ANGLE D'UNE MEZZANINE PEUVENT FOURNIR L'ESPACE NÉCESSAIRE POUR UN SIMPLE PLAN DE TRAVAIL.

# Index

# Crédits

L'éditeur tient à remercier Red Cover Picture Library qui a aimablement autorisé la reproduction des photographies suivantes :

2 David George ; 6–7 Chris Tubbs (Décoration : Maiden) ; 10 Catherine Gratwicke ; 11 Winfried Heinze ; 12 Simon Scarboro ; 13 Paul Ryan-Goff ; 16 Mike Daines ; 17 Andrew Wood ; 18 Alun Callender ; 19 Winfried Heinze (Décoration : Lisa Weeks, Décoration du meuble : Amy Somerville) ; 20 Alun Callender ; 21 Winfried Heinze (Décoration : Orla Kiely) ; 22 Ed Reeve (Décoration : Jona Warbey) ; 23 Richard Powers ; 24 Paul Massey ; 25 Sarah Hogan (Styliste photo : Katie Sellers) ; 26 Practical Pictures ; 27 Johnny Bouchier ; 28 Simon Scarboro ; 29 Karyn Millet (Décorations : Michael Fullen/Susan Adams) ; 30 Ashley Morrison ; 31 James Balston (Architecte : David Cook & Akoko Kubayashi) ; 32 Douglas Gibb ; 33 David George ; 36 Jake Fitzjones ; 37 Paul Massey ; 38 James Balston (Décoration : Sally Dernie) ; 39 Fabio Lombrici ; 40 Henry Wilson ; 41 Simon McBride ; 42 Andrew Twort (Décoration : Michael Reeves) ; 43 Lucinda Symons ; 44 Henry Wilson ; 45 Chris Tubbs ; 46 Simon McBride ; 47 Winfried Heinze (Décoration : Orla Kiely) ; 48 Sophie Munro ; 49 Paul Massey ; 50 Simon Scarboro ; 51 Andrew Wood ; 52 Alun Callender ; 53 Paul Ryan-Goff ; 54 David George ; 55 Henry Wilson ; 56 James Balston (Architecte : Gianni Botsford) ; 57 Simon Scarboro ; 58 Jake Fitzjones ; 59 Jake Fitzjones (Mowlem & Co) ; 60 Chris Tubbs (Décoration : Maiden) ; 61 Grant Scott ; 62 Winfried Heinze ; 63 Graham Atkins-Hughes ; 64 Winfried Heinze ; 65 Debi Treloar ; 66 Victoria Gomez ; 67 Jo Tyler (Architecte : Angus Shepard-Powell Tuck) ; 68 Kim Sayer ; 69 Chris Tubbs (Architecte : Honky, Décoration : Honky Design) ; 70 Michael Freeman ; 71 Alun Callender ; 72 Chris Tubbs ; 73 Winfried Heinze (Décoration : Orla Kiely) ; 74 Troy Campbell (Décoration : Briggs Solomon) ; 78 Mark York ; 79 Christopher Drake (Décoration : Annie Stevens) ; 80 Winfried Heinze ; 81 Henry Wilson ; 82 Steve Dalton ; 83 Graham Atkins-Hughes ; 84 Paul Massey ; 85 Paul Ryan-Goff ; 86 Holly Joliffe ; 87 Mark York (Décoration : Gul Coskun) ; 88 Simon McBride ; 89 Nick Carter ; 90 David Prince ; 91 Ed Reeve ; 92 Paul Ryan-Goff ; 93 Jake Fitzjones (Décoration : Shani Zion) ; 94 Warren Smith ; 95 Ed Reeve (Décoration : Monica Mauti Equihua) ; 96 Debi Treloar ; 97 Grant Govier ; 98 Jake Fitzjones ; 99 Ken Hayden ; 100 Jake Fitzjones ; 101 Winfried Heinze (Décoration : Emily Todhunter) ; 102 Redcover ; 103 James Balston ; 104 Dan Duchars ; 105 Jake Fitzjones (Architecte : Stuart Forbes Associates, Company : The London Basement Company) ; 106 Henry Wilson (Décoration : Maria Speake) ; 107 Paul Massey ; 108 Tria Giovan ; 109 Ken Hayden. Sauf pour la photographie suivante : page 75 Chris Tubbs/Conran Octopus.

Texte original : Terence Conran
Traduction de l'anglais : Hélène Saulvage
Secrétariat d'édition : Émilie Collet

© 2010 Éditions Gründ pour l'édition française
© 2010 Conran Octopus Limited (Royaume-Uni) pour l'édition originale sous le titre *Storage*
© 2010 Conran Octopus Limited (Royaume-Uni) pour le texte, le graphisme et la mise en page

ISBN : 978-2-7000-2874-4
Dépôt légal : mai 2010
PAO : APS Chromostyle
Couverture : www.4-quarts.com
Imprimé en Chine

GARANTIE DE L'ÉDITEUR
Malgré tous les soins apportés à la fabrication, il est malheureusement possible que cet ouvrage comporte un défaut d'impression ou de façonnage. Dans ce cas, il vous sera échangé sans frais. Veuillez à cet effet le rapporter au libraire qui vous l'a vendu ou nous écrire à l'adresse ci-dessous en précisant la nature du défaut constaté. Dans l'un ou l'autre cas, il sera immédiatement fait droit à votre réclamation.

www.grund.fr – 60, rue Mazarine – 75006 Paris